CATALOGUE
DES
TABLEAUX
DU CABINET DE M. DE LIVRY,
LE JEUNE,

Dont la Vente se fera en sa maison, rue du faubourg du Roule, N.° 25, les 16 et 17 avril 1810, entre onze heures et midi.

Les Tableaux seront exposés les jeudi 12, vendredi 13, samedi 14 et dimanche 15 dudit mois, depuis 11 heures jusques à 5.

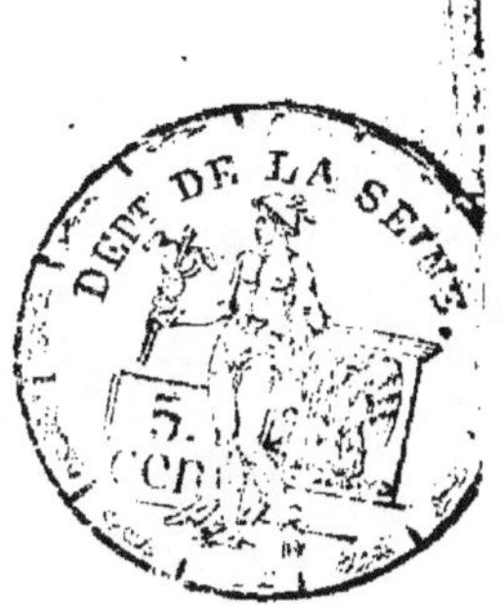

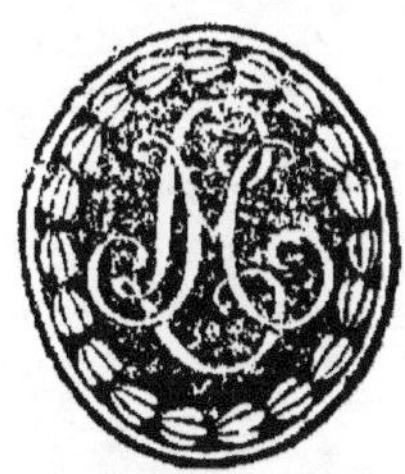

Le Catalogue, rédigé par DESTOUCHES, *se distribue à Paris*,

Chez
- DESTOUCHES, peintre, rue St.-André-des-Arcs, N.° 45;
- VINCENT, Commissaire-Priseur, rue Helvétius, N.° 19;
- LACHAINAI, commissaire priseur, rue de la Sourdière, N.° 31.

Si nous suivions l'usage depuis long-temps consacré, nous ferions l'éloge que mérite chacun des Tableaux de ce catalogue. Tous ont été recueillis par M. H. de Livry, et tous, ou presque tous du moins, ont droit à l'attention des amateurs et des gens de goût.

Désigner les sujets et les noms des maîtres qui les ont peints; tel est simplement ce que M. H. de Livry nous a demandé de faire.

Nous suivrons exactement ses intentions, persuadés, comme nous le sommes, que cette collection n'a pas besoin d'être vantée pour être appréciée, et qu'elle fera sur les connaisseurs la même impression de plaisir qu'elle a faite sur nous.

Pour écarter toute équivoque sur l'authenticité des tableaux de cette collection et dissiper tous les doutes auxquels les collections précédentes de diverses personnes pourraient donner lieu, M. de Livry prend ici l'engagement de payer dix fois la valeur (1) des tableaux qui, portés sur le catalogue comme originaux, seraient jugés copies par la pluralité d'avis de cinq des premiers peintres de

(1). Cette valeur serait déterminée par celle à laquelle aurait été adjugé le tableau.

Paris, ou porteraient un nom différent de celui qui leur serait assigné dans le catalogue (1) ; et comme M. de Livry ne se dissimule pas l'importance de cet engagement, il est tout simple qu'il excepte de cette garantie beaucoup de tableaux que nous n'excepterions sûrement pas pour la nôtre, et que le moindre doute, né du moindre manque d'unanimité dans les opinions, suffise à M. de Livry pour comprendre dans son exception le tableau qui serait l'objet de ce doute.

TABLEAUX *non garantis originaux.*

Un des petits Demarne, des paysans assis et s'amusant sur une montagne sur laquelle paissent des bœufs, n°. 75

Un groupe de sept à huit vaches près d'une pièce d'eau, de Dufrêne, n°. 81

Deux têtes d'homme et de femme dans le genre de Rimbrant, n°. 88

Une marine attribuée à Vandevele, n° 92

Samson et Dalila attribué à un élève des Carraches, n°. 94.

Une Lucrèce, goût de Trévisianni N°. 19

Une tête attribuée à Greuze, n°. 24

Un jeune homme saluant, attribué à un peintre moderne, n°. 50

Samson et Dalila, attribué à Alexandre Véronèse, n°. 51

Un vieillard assoupi, attribué à Girardou, vendu comme de lui, et signé par lui, n°. 34

La tête attribuée à Greuse, et la petite marine de

(1) Ou dans les tableaux de peintres vivans, sur la simple dénégation par écrit du peintre auquel on les aurait imputés.

Vandevelle, sont, de ces onze tableaux, qui ont tous été vendus comme originaux à M. de Livry, les seuls sur l'originalité desquels nous formons des doutes.

TABLEAUX *non garantis des maîtres auxquels on les impute dans le Catalogue.*

Une vierge attribuée à Salsofarati, n°. 110
Une mulâtre, attribuée à un peintre anglais, et signé de lui, n°. 67
Thomiris, reine des Sythes, attribuée à Rombouts n°. 95
Samson et Dalila, attribués à Gentileschi n°. 89
Une marine attribuée à Bacheusen, n°. 90
Un petit paysage attribué à Taunai, n°. 8
Une petite fille se mirant, attribué à mademoiselle Lorimier, n°. 22
Un petit vieillard lisant, attribué à Maas, n°. 34
Deux ou trois hommes à cheval dans le goût de Teniers, attribués à Hont, n°. 41
Une descente de croix, attribuée au Tintoret, sur pierre noire, n°. 59
Une femme vêtue de noir, attribuée à Péters Léli n°. 53
Deux têtes d'homme et de femme, attribués à Palémèdes, n°. 55
Deux têtes de berger et bergère, attribués à Van Tutden, n°. 56
Deux Portraits de petites filles, petite nature, attribuées à l'école de Van Dick, n°. 57
Deux têtes de jeunes sœurs, attribuées à Porbus, n°. 54
Des Lièvres morts et un chat vivant, attribués à Nicasius, n°. 99

Il n'y avait qu'un engagement de la nature de celui que prend M. de Livry qui pouvait lui faire, excepter autant de tableaux du nombre de ceux compris dans cet engagement.

Voilà donc vingt tableaux dont M. de Livry ne garantit pas le nom du peintre porté sur le catatalogue, et onze dont il ne garantit pas l'originalité, ce qui fait, avec les trois portés dans le catalogue, comme copies, savoir: les animaux, d'après Van Belaume, la toilette de Vénus, d'après le Guide, et la copie de Mérimé, trente-quatre tableaux exceptés de sa garantie. Or, comme la collection est de cent cinquante-cinq tableaux, il s'en suit qu'il en reste cent vingt-un qui s'y trouvent compris, ce qui doit d'autant plus suffire aux amateurs que les principaux tableaux de cette collection font partie des cent vingt-un, tels que les Jean-Paul Panini, les Hue, les demoiselle Gérard, les Gérard Houet, les David, les Van Pool, les Corneilles Poelimbourg, les Omméganck, les Forbin, les Granet, les Droling, les Demarne (excepté un seul) les Bourdon, les l'Epicier, les Bilcoq, les Valenciènnes, les Garnier, les Desfontaines Swébak, les plus beaux Valin, et les plus beaux Bruandais de ces deux maîtres, etc.

CATALOGUE DES TABLEAUX

DU CABINET DE M. DE LIVRY, LE JEUNE.

GRIFF.

1. Deux Tableaux faisant pendants, représentant des intérieurs de cuisine, avec figures.

M. SWAGERS.

2. Paysage orné de figures et animaux.

ROBERT (Hubert).

3. Deux Tableaux, architecture, paysage et figures

M. MEUNIER.

4. Paysage, figures et animaux.

CARRE (Michel).

5. Marche d'animaux, figures et paysage.

LANTARA.

6. Paysage et figures peintes par Bénard.

GRIFF.

7. Des chiens qui poursuivent des canards.

M. TAUNAY.

8. Paysage et figures.

M. HUE.

9. Une marine.

PELLEGRINI.

10. Vénus et l'amour.

M.lle LEDOUX.

11. Tête d'enfant.

FRANCE (*de Liége*).

12. Frère Luce, conte de La Fontaine.

BLOEMART.

13. Scène familière.

M. MALLET.

14. Un intérieur de ménage, composé du père, de la mère et de plusieurs enfans.

M. DROLLING.

15. Une jeune fille dessinant.

Copie de VAN BLOEMEN.

16. Marche d'animaux.

LE PEINTRE.

17. Une diseuse de bonne aventure.

M. BOUNIEUX.

18. Un Satyre à qui de jeunes filles attachent les bras derrière le dos.

Goût de TRÈVISANI.

19. Lucrèce.

M. GARNIER.

20. Une femme donnant une lettre à sa servante.

OMMEGANCK.

21. Figures et animaux dans une prairie.

M.elle LORIMIER

22. Une jeune fille qui se regarde au miroir.

CULIMBOURG.

23. Diane et ses nymphes, découvrant la grossesse de Calisto.

Attribué à J.-B. Greuze.

24. Une tête de femme.

VAN OS (Y.).

25. Paysage, figures et animaux.

M. HUE.

26. Paysage et figures.

Par le même.

27. Autre paysage et figures.

RAOUX.

28. Deux jeunes femmes qui se mirent.

ROBERT (Hubert)

29. Deux tableaux faisant pendants, architecture et figures.

HOUET (Gerard).

30. Deux tableaux faisant pendants, représentant, l'un Tomiris, reine des Sythes, et l'autre le repas de Marc-Antoine et de Cléopâtre.

M.lle GERARD.

31. Deux amans assis près l'un de l'autre. Un chien est à leurs pieds.

Par la même.

32. Une jeune fille dans la douleur.

VAN POOL.

33. Des fleurs et du raisin.

Deux Tableaux.

34. Un vieillard assoupi, signé Gerard DOW, et son pendant par MAAS.

BREUGEL, (*de Velours*).

35. Trois tableaux représentant chacun une des saisons.

BILCOQ.

36. Une diseuse de bonne avanture.

M. LAFONTAINE.

37. L'intérieur de l'église de St.-Roch.

LEFÈVRE.

38. Un Tableau peint à lencaustique, représentant un sacrifice.

VOISON.

39. Intérieur de ménage, orné de figures par M. Demarne.

M. SWEBAK (*des Fontaines*).

40. Le pendant du précédent.

HONT.

41. Des cavaliers en course.

DESPORTES (FRANÇOIS).

42. Fruits et paysage.

BOURDON (S.).

43. Fuite en Egypte.

M. LAGRENÉE *le jeune*.

44. Moyse retiré des eaux.

Par le méme ou son frère.

45. Sujet de la Fable.

GAUFFIER.

46. La bouche de vérité.

M. ROEHN.

47. Deux Tableaux, figures et animaux.

Par le même.

48. Le Jugement de Pâris.

KALF.

49. Du poisson, des légumes, un pâté et un chaudron.

Par un peintre moderne.

50. Portrait d'un jeune homme ôtant son chapeau.

VERONESE (ALEXANDRE).

51. Samson endormi sur les genoux de Dalila.

BREUGEL.

52. Un hiver.

PETERS LÉLI

53. Portrait de femme.

PORBUS.

54. Deux portraits d'enfans.

PALEMÈDES.

55. Deux portraits d'homme et de femme de même grandeur.

VANTUTDEN.

56. Une bergère, et pour pendant un joueur de flûte.

Ecole de VANDIK.

57. Deux petits Tableaux, portraits de jeunes filles.

DANLOU.

58. Dans l'intérieur d'une cave, un vieillard tenant à sa main un petit sac.

TINTORETTO.

59. Le Christ mort, entouré de saints personnages.

POELIMBOURG (C.).

60. Des baigneuses; le pendant représente des nymphes hors du bain.

BRUANDET (L.).

61. Six Tableaux paysages de formes différentes, dont deux ornés de figures, par M. Swebak et deux autres font pendant.

M. DAVID.

62. Une vestale.

M. VALENCIENNE.

63. Paysage orné de figures.

M. SWEBAK (*des Fontaines*).

64. Des cavaliers sortant d'une auberge.

M. HUE.

65. Une marine, soleil couchant.

PANNINI (JEAN-PAUL).

66. Quatre Tableaux de formes semblables représentant des vues de Rome, ornés de figures et animaux.

WEBBER (*peintre anglais*).

67. Une créole que l'on assure avoir été la maîtresse du capitaine Cock.

M. BOILLY.

68. Deux Tableaux faisant pendants, représentant des scènes famillières.

Par le même.

69. La perte de la rose.

Par le même.

70. Hercule et Alceste, le pendant Persé et Andromède.

Mlle. GERARD.

71. Deux Tableaux faisant pendants; dans l'un, une femme est occupé de la lecture d'une lettre, son amie, derrière elle, cherche à pénétrer ce qu'elle lit; dans le second, une femme se trouvant mal, est secourue par son amie.

M. DEMARNE.

72. Un Hiver.

Par le même.

73. Deux Tableaux faisant pendants, paysage, figures et animaux.

Par le même.

74. Deux autres Tableaux, l'un représente une femme de laboureur conduisant sa charue, l'autre un moulin à eau.

Par le même.

75. Deux autres, l'un représente des chevaux effrayés par un troupeau de moutons, l'autre des pâtres faisant paître des bœufs.

M. FORBIN.

76. L'intérieur d'un Cloître.

M. GRANET.

77. Eglise souterraine.

M. SENAVE.

78. Deux Tableaux faisant pendants; ils représentent, l'un la boutique d'un Boulanger, et l'autre celle d'un Tounelier.

MACHI.

79. L'intérieur du Panthéon.

STÉMULLER.

80. Marine.

M. DUFRENE.

81. Figures et animaux, goût de Cuipp.

Par le même.

82. Autre Tableau du même genre.

DEWITTE (ÉMANUEL).*ou* STEENWICK.

83. L'intérieur d'une Eglise.

VAN OS.

84. Une Marine.

Copie du GUIDE.

85. La toilette de Vénus.

Mlle. GERARD.

86. La prière du matin.

M. HUE.

87. Deux paysages faisant pendants.

Ecole de RIMBRANT.

88. Deux portraits, homme et femme.

GENTILESCHI.

89. Samson et Dalila.

BACKUISEN.

90. Une Marine.

BERESTRATEN.

91. Un Hiver.

Attribué à VANDEVELDE.

92. Marine.

ROMBOUTS.

93. Thomiris, reine des Sythes, qui ordonne que la tête de Cyrus soit plongée dans le sang, en lui

disant: « Rassasies-toi du sang dont tu as toujours été avide. »

Par un élève des CARRACHES.

94. Samson et Dalila.

M. VALIN.

95. Deux jeunes amans conduits au temple de l'himen par l'amour.

Par le même.

96. Deux nymphes dérobant des flèches aux amours.

Par le même.

97. Deux Tableaux en pendants, représentant des Bacchantes.

Par le même.

98. Six Tableaux peints dans le même temps, et faits pour aller ensemble, tant par leurs formes parfaitement égales, que par leurs sujets, et divisés par pendants, savoir:

1°. Renaud et Armide, et l'Amour et Psiché.

2°. La bergère des Alpes et Estelle et Némorin.

3°. Pétrarque surprenant Laure au bain, et la première entrevue de Werther et de Charlotte.

NICASIUS.

99. Gibier mort, et un chat vivant.

MIGNARE.

100. Le portrait de sa fille, sous le costume de Diane.

Par le même.

101. Deux portraits d'enfans de roi.

CREPIN.

102. Paysage.

ROEHN.

103. Deux petits Tableaux faisant pendants, ornés de figures et animaux.

104. Un trompe-l'œil fait à la plume.

M. BOILLY.

105. L'électricité.

VATELET.

106. Paysage et figures.

DROLING.

107. Un commissionnaire demandant une adresse à un homme qui la lui indique.

Par le même.

108. La cruche cassée.

VESTIER.

109. Deux Tableaux en miniature, l'un copie de Mérimé, représentant l'innocence, l'autre Ariane Abandonnée. — Original.

SALSAFARATI.

110. Une Vierge.

L'EPICIER.

111. La demande accordée.

CHAISE.

112. Deux Tableaux; le vice et la vertu.

CHARPENTIER ou DANLOU.

113. Deux têtes de paysans, homme et femme.

BERTHIER.

114. Tête de femme.

Du même.

115. Tête de femme.

De l'Imprimerie d'OGIER, rue Traversière Saint-Honoré, N.° 16.

www.ingramcontent.com/pod-product-compliance
Lightning Source LLC
LaVergne TN
LVHW052039160826
845678LV00003B/1428

* 9 7 8 2 3 2 9 6 2 6 1 9 2 *